Debates en marcha

LA DESIGUALDAD EN LOS INGRESOS Y LA LUCHA POR LA DISTRIBUCIÓN DE LA RIQUEZA

Elliott Smith

Cicely Lewis, editora ejecutiva

ediciones Lerner ◆ Mineápolis

CARTA DE CICELY LEWIS

Estimados lectores:

Inicié el proyecto fascinante de Read Woke como respuesta a las necesidades de mis alumnos. Quería que leyeran libros que cuestionaran las normas sociales, les dieran voz a quienes no la tienen y que pusieran en duda el estado de las cosas. ¿Alguna vez sentiste

Cicely Lewis

que te ocultaban la verdad? ¿Sentiste alguna vez que los adultos no te cuentan la historia completa por tu corta edad? Bueno, yo creo que tienes derecho a conocer los problemas que aquejan a nuestra sociedad. Creo que tienes derecho a oír la verdad.

Creé Read Woke Books en español porque quiero que ustedes sean ciudadanos informados y humanos. Pronto serán los líderes de nuestra sociedad, y necesitan contar con el conocimiento que les permita tratar a los demás con la dignidad y el respeto que se merecen. En consecuencia, ustedes pueden ser tratados con el mismo respeto.

Cuando pasen estas páginas, aprenderán cómo la historia ha marcado lo que hacemos hoy. Espero que puedan ser el cambio que ayude a que el mundo sea un mejor lugar para todos.

Cicely Lewis, editora ejecutiva

CONTENIDO

Megan Rapinoe es cocapitana del equipo nacional de fútbol femenino.

IGUALDAD EN EL CAMPO DE JUEGO

EL EQUIPO NACIONAL DE FÚTBOL FEMENINO DE EE. UU. era casi imparable. Dominó el deporte durante muchos años. Pero mientras se preparaba para la Copa Mundial de 2019, surgió una cuestión más importante que tratar: la igualdad.

A pesar de su éxito arrollador, a las jugadoras del equipo femenino se les pagaba menos que a los jugadores del equipo masculino de Estados Unidos. Y eso les pareció injusto a las jugadoras del equipo femenino. El equipo femenino es mucho más exitoso que el equipo masculino. Los hombres nunca obtuvieron un resultado mejor que el tercer puesto en la Copa Mundial, y eso fue en 1930. Las mujeres habían ganado tres títulos en la Copa Mundial.

En marzo de 2019, unos meses antes de la Copa Mundial, el equipo tomó posición. Las veintiocho integrantes presentaron una demanda contra la Federación de Fútbol de Estados Unidos por discriminación de género. La demanda argumentaba que las mujeres cobraban $15 000 para conformar el equipo nacional, pero los hombres cobraban $68 750 por la misma tarea. Fuera de Estados Unidos también existen desigualdades similares. Por ejemplo, la Copa Mundial masculina otorgó un premio de $400 millones, mientras que el premio de la Copa Mundial femenina fue de solo $30 millones.

Rapinoe encabezó la lucha por la igualdad de salarios para su equipo.

Aun mientras continuaba la demanda, el equipo de fútbol femenino estadounidense se destacaba. Ganaron la Copa Mundial de 2019 y se convirtieron en campeonas por cuarta vez. Se escuchaban gritos de «¡Igualdad salarial!» desde las tribunas, durante la final en Francia y también de la muchedumbre durante el desfile de celebración del equipo en la ciudad de Nueva York.

> «No aceptaremos nada menos que la igualdad salarial».
>
> Megan Rapinoe, jugadora de fútbol estadounidense

El fútbol no es el único deporte en el que los salarios son desiguales. Las jugadoras de baloncesto, hockey y tenis también tuvieron que luchar por una mejor remuneración. Pero como el equipo de fútbol femenino de Estados Unidos se ha desempeñado mejor que el equipo masculino, la demanda hace que se preste atención a la forma injusta en que se remunera a las mujeres en el deporte.

Las señales de desigualdad económica se pueden encontrar en todas partes, pero muchas personas trabajan para encontrar una solución.

CAPÍTULO 1
POCOS CONTRA MUCHOS

LA DESIGUALDAD ECONÓMICA ES UN TEMA QUE AFECTA A TODOS EN ESTADOS UNIDOS. En general, desigualdad económica se refiere a las diferencias en la forma en que se distribuye el dinero entre las personas o grupos. Las diferencias en los ingresos, es decir, la cantidad de dinero que las personas ganan, es una medida de la desigualdad económica. Seamos ricos, pobres o estemos en un sector medio, las vidas que vivimos dependen en parte de qué tan grandes sean estas diferencias.

La gente necesita dinero para satisfacer sus necesidades y lograr sus objetivos, por ejemplo, obtener un título universitario o educar a sus hijos. Las grandes diferencias en la distribución de los ingresos hacen que sea difícil para las personas conseguir alimento, atención médica y vivienda. Pagar la universidad o tener una vivienda propia se vuelven más difíciles. Los lugares con mayor desigualdad en los ingresos muestran un aumento en la incidencia de enfermedades y delitos.

La brecha en los ingresos en Estados Unidos continuó ampliándose durante los últimos cuarenta años. Desde 1979, las personas que se encuentran en el 1 % superior de la escala de ingresos vieron crecer sus ganancias en más del 200 %. Los ingresos del 99 % restante no han crecido de igual manera.

> «Creo que este es el desafío que define a nuestra época: asegurarnos de que nuestra economía funcione para cada trabajador estadounidense».
>
> Barack Obama, expresidente

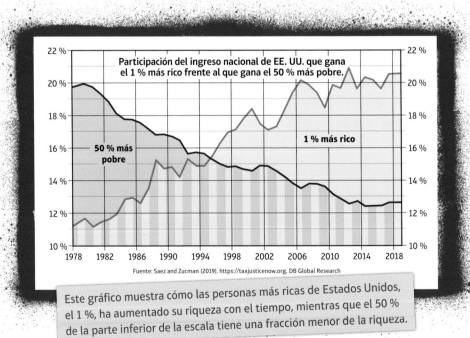

Participación del ingreso nacional de EE. UU. que gana el 1 % más rico frente al que gana el 50 % más pobre.

50 % más pobre

1 % más rico

Fuente: Saez and Zucman (2019), https://taxjusticenow.org, DB Global Research

Este gráfico muestra cómo las personas más ricas de Estados Unidos, el 1 %, ha aumentado su riqueza con el tiempo, mientras que el 50 % de la parte inferior de la escala tiene una fracción menor de la riqueza.

COMPARTIR LA RIQUEZA

Mientras que Estados Unidos lucha contra la desigualdad en los ingresos, otros países tienen una distribución más equitativa de la riqueza. Noruega es considerada con frecuencia uno de los países más equitativos. Su gobierno provee atención médica y servicios sociales a sus ciudadanos. Las personas más ricas pagan impuestos más altos para ayudar a financiar esos programas. Debido a la mayor igualdad en los ingresos en Noruega, subir los escalones de la escalera económica es más fácil que en Estados Unidos.

Noruega tiene una cobertura médica universal, lo que significa que todos sus ciudadanos tienen un seguro de salud. En EE. UU., muchas personas se privan de seguir un tratamiento médico por los elevados costos.

Esto constituye un problema, dado que la desigualdad reduce el crecimiento económico, lo que significa que hay menos riqueza disponible y menos oportunidades para que las personas mejoren sus vidas. Las personas ricas son cada vez más ricas, mientras que el resto ya no puede pagar por los productos y servicios que desean o necesitan. El resultado es una menor participación en la economía más amplia, lo que afecta a todos, independientemente de cuánto dinero tengan.

Algunos expertos describen los efectos de la desigualdad en los ingresos con la metáfora de una escalera, en la que los escalones representan los niveles de ingresos. Si deseas ganar más dinero, subes la escalera. Pero en una sociedad con gran desigualdad en los ingresos, los escalones están demasiado separados para poder alcanzar el siguiente.

PARA REFLEXIONAR

¿Por qué crees que la diferencia entre personas ricas y pobres en Estados Unidos ha aumentado tanto en los últimos cuarenta años?

Este grupo de mujeres era parte de un movimiento que luchaba por el derecho de las mujeres a votar en las elecciones de Estados Unidos. La brecha salarial entre géneros muestra que, un siglo después, las mujeres aún no reciben el mismo trato que los hombres.

CAPÍTULO 2
BRECHA DE GÉNEROS

DURANTE TODA LA HISTORIA DE EE. UU., LAS MUJERES GANARON MENOS DINERO QUE LOS HOMBRES. Esta diferencia en los ingresos entre hombres y mujeres se llama brecha salarial de género. Si bien esta diferencia se ha reducido con el tiempo, aún existe, y no solo en el deporte. Cuando los hombres y las mujeres hacen un trabajo similar y tienen una preparación similar, las mujeres ganan solo noventa y ocho centavos por cada dólar que gana un hombre. La brecha es mayor si analizamos la fuerza laboral en general. En 2020, las mujeres, en promedio, ganaron ochenta y un centavos por cada dólar que ganó un hombre, y al año ganaron casi $10 000 menos que los hombres.

Algunos estados de Estados Unidos tienen brechas salariales más amplias que otros. En Wyoming, las mujeres ganan 31 % menos que los hombres en promedio. California tiene la brecha más pequeña, con el 12 %. Esta disparidad también puede apreciarse en algunas ciudades grandes. En Seattle, por ejemplo, las mujeres ganan aproximadamente el 78 % de lo que ganan los hombres.

La brecha salarial de género existe por distintos motivos. Muchas veces se espera que las mujeres se alejen del trabajo para criar a sus hijos o colaborar en el cuidado de familiares de edad avanzada. La mayoría de los empleos con salarios mínimos están ocupados por mujeres. Y rara vez las mujeres tienen la oportunidad de liderar empresas. Solo el 5 % de los puestos directivos de las empresas más importantes está ocupado por mujeres.

«La realidad es que, si no hacemos nada, llevaría setenta y cinco años, o para mí tener casi cien, que las mujeres podamos ganar lo mismo que los hombres por el mismo trabajo».

Emma Watson, actriz

Se supone que la Ley de Derechos Civiles de 1964 protege a las mujeres de la discriminación por género. Pero con frecuencia, los empleadores no revelan cuánto le pagan a cada empleado. Esto impide que sepan si su empleador les paga de manera justa en relación con sus compañeros.

La brecha salarial es aún mayor para las mujeres de color. En 2018, mientras las mujeres blancas ganaban 79 centavos por cada dólar que ganaban los hombres blancos, las mujeres negras ganaban 61 centavos, las mujeres indígenas estadounidenses ganaban 58 centavos y las latinas, 53 centavos.

A través de la protesta, la legislación y otras acciones poderosas, las mujeres han respondido con lucha al tratamiento injusto.

El Día de la Igualdad Salarial en Estados Unidos fue creado por un grupo de organizaciones de mujeres y de derechos civiles en 1996, para crear conciencia sobre la brecha salarial entre hombres y mujeres. Se conmemora a fines de marzo o principios de abril. La fecha cambia según cuánto tiempo más del año en curso deban trabajar las mujeres para ganar lo que ganaron los hombres el año anterior.

Las escuelas y universidades son un lugar donde las personas de color han tenido que luchar por la igualdad.

CAPÍTULO 3
EL COLOR DEL DINERO

EN CUANTO A LAS PERSONAS NEGRAS ESTADOUNIDENSES, SE HA PROGRESADO POCO EN LO QUE SE REFIERE A LA DESIGUALDAD EN LOS INGRESOS. De hecho, las estadísticas muestran que la brecha salarial entre las personas blancas y negras es la misma que en 1950. Pero los ingresos no cuentan la historia completa. La riqueza, es decir, el poder adquisitivo, es otro indicador importante de la desigualdad. Las personas pueden crear riqueza siendo dueños de una vivienda, invirtiendo en su educación y profesión, logrando aumentos salariales y adquiriendo otro tipo de bienes. También pueden transmitir su riqueza a sus hijos para crear la riqueza generacional.

La riqueza no está distribuida equitativamente entre los grupos raciales. En 2016, el poder adquisitivo promedio de una familia blanca era de $171 000, mientras que el de una familia negra era solo la décima parte de ese valor. Esa enorme diferencia hace que para muchas personas negras sea más difícil afrontar gastos importantes como vivienda, educación universitaria y atención médica en comparación con las personas blancas.

Aun en 2020, el 44 % de las personas negras eran propietarias de una vivienda, porcentaje apenas un poco más alto que en la década de 1960. Y la deuda estudiantil obliga a los estudiantes negros a abandonar la universidad con mayor frecuencia que los estudiantes blancos.

Durante toda la historia de Estados Unidos, la esclavitud, las leyes racistas y la discriminación impidieron que las personas negras puedan crear riqueza. Después de que se aboliera la esclavitud en 1865, muchos estados crearon las leyes de Jim Crow, que reforzaban la segregación racial e impedían que las personas negras tuvieran acceso a las mismas oportunidades que las blancas. Si bien aquellas leyes fueron derogadas en 1965, aún existen muchas leyes y políticas que desfavorecen a las personas negras.

La Comisión de Derechos Civiles de Estados Unidos trabaja con el gobierno para ayudar a llevar igualdad a todos los estadounidenses.

EL ABECÉ DEL DINERO

El dinero tiene un rol importante en la educación. En Estados Unidos, el financiamiento escolar está ligado a los impuestos locales sobre la propiedad. En consecuencia, las escuelas ubicadas en zonas más acaudaladas con frecuencia reciben mayor financiamiento que las ubicadas en zonas pobres o rurales. Los padres con más dinero también son más propensos a invertirlo en beneficios adicionales para sus hijos, como el jardín maternal, campamentos de verano y clases fuera del horario escolar, además, pueden afrontar mejor una matrícula universitaria más costosa. El acceso desigual a estos beneficios y a escuelas con fondos suficientes es una de las formas en las que los ingresos pueden crear brechas educativas entre distintos grupos.

Las escuelas de las zonas más ricas con frecuencia cuentan con mejores recursos, como libros de texto actualizados y la última tecnología. Estas diferencias pueden afectar la calidad de la educación de los niños.

«Es difícil imaginar la forma de mejorar de forma notable la vida de los estadounidenses negros y de abordar nuestra larga historia de racismo sin un compromiso de reducir la inequidad extrema de la distribución de la riqueza», expresó Allan MacNeill, profesor de la Universidad Webster.

La desigualdad racial en los ingresos en Estados Unidos

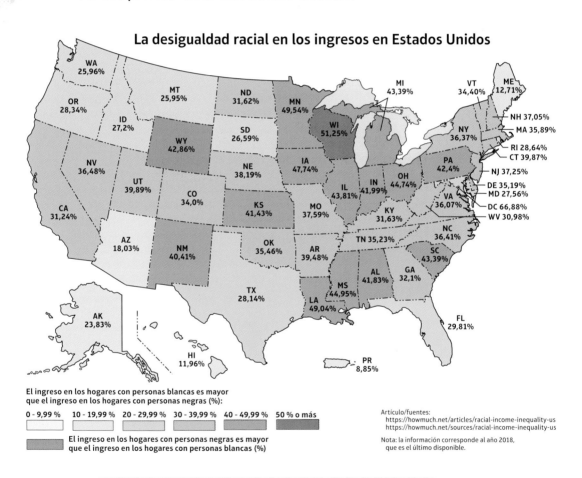

El ingreso en los hogares con personas blancas es mayor que el ingreso en los hogares con personas negras (%):

0 - 9,99 %   10 - 19,99 %   20 - 29,99 %   30 - 39,99 %   40 - 49,99 %   50 % o más

El ingreso en los hogares con personas negras es mayor que el ingreso en los hogares con personas blancas (%)

Artículo/fuentes:
   https://howmuch.net/articles/racial-income-inequality-us
   https://howmuch.net/sources/racial-income-inequality-us

Nota: la información corresponde al año 2018, que es el último disponible.

Este mapa muestra las diferencias en los ingresos entre los hogares blancos y negros en cada estado. Las personas blancas tienen, por lo general, mayores ingresos que las personas negras.

«No podemos autoproclamarnos la nación más rica del mundo si aún tenemos estas desigualdades y disparidades tan importantes que están claramente basadas en la raza».

Monica Lewis-Patrick, presidenta de la organización comunitaria We the People of Detroit

Los expertos analizan de qué formas es posible reducir la disparidad en el acceso a la riqueza entre personas blancas y negras. Una propuesta es otorgar bonos a los bebés negros cuando nacen. Los bonos estarían financiados por el gobierno y aumentarían con el tiempo. De este modo, los beneficiarios, ya adultos, podrían usar los bonos para pagar la universidad o fundar un negocio. Otra idea es que el gobierno pague compensaciones a las personas negras. Estos pagos podrían compensar los efectos negativos a largo plazo de la esclavitud y de las leyes de Jim Crow, que limitaron la riqueza generacional de muchas familias negras.

Los miles de manifestantes de Occupy Wall Street creían que era injusto que las personas más ricas tuvieran un mayor control sobre el gobierno.

CAPÍTULO 4

CERRAR LA BRECHA

UNA DE LAS PROTESTAS MÁS GRANDES CONTRA LA DESIGUALDAD EN LOS INGRESOS FUE EL MOVIMIENTO DE 2011 OCCUPY WALL STREET. Las protestas apuntaban a las personas sumamente ricas, muchas de las cuales participaban en el funcionamiento bancario y financiero de la ciudad de Nueva York. El movimiento se extendió a varias ciudades de Estados Unidos. Desde entonces, la desigualdad en los ingresos se ha transformado en un tema clave de las protestas más amplias por justicia social y equidad, incluidos los movimientos Black Lives Matter y #MeToo. Los activistas de estas causas saben que la desigualdad económica está relacionada con el racismo y el sexismo.

En todo el mundo, las personas comenzaron a actuar en contra de la desigualdad en los ingresos. En Chile, una protesta menor por el aumento de las tarifas del metro en 2019 originó acciones durante un mes en contra de la injusticia económica. Desde 2018, el movimiento de los chalecos amarillos en Francia organizó protestas en contra del alto costo de vida.

Manifestantes en Chile lograron convencer al gobierno de firmar una constitución nueva y más justa.

No existe una solución rápida para la desigualdad en los ingresos. En Estados Unidos, los expertos continúan estudiando el tema y analizando opciones para cerrar la brecha. Algunos estudios demuestran que aumentar el salario mínimo nacional a $10,10 por hora sacaría de la pobreza a 4,6 millones de personas. La inscripción automática de las personas en planes de ahorro para la jubilación permitiría que quienes tienen problemas económicos cuenten con algunos bienes. Y aumentar los impuestos al 1 % de la parte superior de la escala de ingresos podría ayudar a financiar muchos programas de asistencia a los necesitados.

Desigualdad en los ingresos entre 2013 y 2017

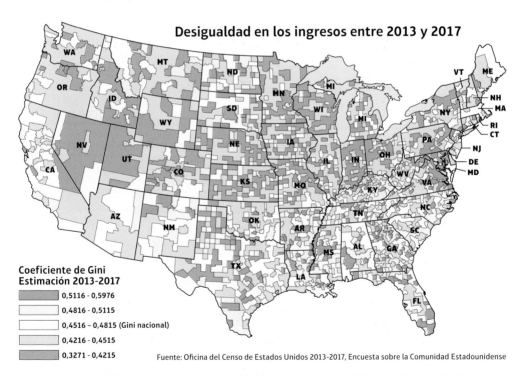

Coeficiente de Gini
Estimación 2013-2017

- 0,5116 - 0,5976
- 0,4816 - 0,5115
- 0,4516 - 0,4815 (Gini nacional)
- 0,4216 - 0,4515
- 0,3271 - 0,4215

Fuente: Oficina del Censo de Estados Unidos 2013-2017, Encuesta sobre la Comunidad Estadounidense

El coeficiente de Gini es una manera de medir la desigualdad en los ingresos. Este mapa muestra qué puntuación tienen los condados de Estados Unidos en una escala de 0 (igualdad total) a 1 (desigualdad total).

El salario vital por estado de Estados Unidos en 2020

WA $51 mil
OR $52 mil
MT $47 mil
ND $47 mil
ID $46 mil
MN $52 mil
SD $45 mil
WY $48 mil
NV $53 mil
UT $48 mil
CO $54 mil
CA $57 mil
AZ $51 mil
NM $48 mil
NE $48 mil
KS $48 mil
IA $49 mil
MO $46 mil
WI $51 mil
IL $52 mil
MI $49 mil
IN $47 mil
OH $46 mil
KY $43 mil
TN $47 mil
OK $47 mil
AR $45 mil
TX $48 mil
LA $48 mil
MS $46 mil
AL $46 mil
GA $48 mil
SC $47 mil
NC $50 mil
VA $54 mil
FL $52 mil
AK $54 mil
HI $61 mil
VT $48 mil
ME $51 mil
NH $55 mil
MA $60 mil
NY $59 mil
RI $53 mil
CT $60 mil
NJ $56 mil
PA $50 mil
DE $53 mil
MD $58 mil
WV $45 mil

| Quintil inferior | Segundo quintil | Tercer quintil | Cuarto quintil | Quintil superior |

Fuente: worldpopulationreview.com

Este mapa muestra cuánto dinero deberías ganar por año para mantenerte y mantener a tu familia en cada estado de EE. UU. Los estados más caros se muestran en color más oscuro que los menos caros.

Todas estas opciones podrían ayudar a los treinta y cuatro millones de estadounidenses que viven en la pobreza, y a los otros millones que luchan por permanecer por encima de la línea de pobreza. Eliminar la desigualdad en los ingresos les daría a más personas la oportunidad de mantenerse, mantener a sus familias y cumplir sus sueños.

PARA REFLEXIONAR

¿Qué harías para ayudar a reducir la desigualdad en los ingresos?

MANOS A LA OBRA

Comparte con tus amigos algo de lo que aprendiste en este libro sobre la desigualdad en los ingresos para ayudar a crear conciencia. También puedes probar con las ideas que se ofrecen a continuación:

Haz una donación a los grupos que luchan contra la desigualdad en los ingresos y la discriminación.

Investiga los trabajos que te interesan para saber si podrían existir brechas salariales por raza o género.

Llama o envía un correo electrónico a tus representantes y motívalos a ayudar a reducir la desigualdad en los ingresos.

Infórmate más sobre las organizaciones que luchan contra la desigualdad en los ingresos y en el acceso a la riqueza.

Fight for $15: https://fightfor15.org

Fight Inequality: https://www.fightinequality.org

Inequality.org: https://inequality.org

Instituto de Investigación sobre Políticas de la Mujer: https://iwpr.org

LÍNEA DE TIEMPO

1913: El Congreso introduce el primer impuesto moderno sobre la renta en EE. UU.

1937-1947: El crecimiento económico de la posguerra conduce a un período en el cual la desigualdad en los ingresos cae drásticamente.

1964: El Congreso aprueba la Ley de Derechos Civiles que intenta combatir la discriminación por la raza y el género.

1970: El presidente Richard Nixon reduce la tasa de impuestos para las sociedades, lo que originó impuestos más bajos para las empresas e impuestos más altos para las personas de clase media.

1981: El presidente Ronald Reagan recorta la tasa de impuestos del 70 % al 50 % de los ingresos de los estadounidenses más ricos, lo que impone una mayor carga impositiva sobre las clases baja y media.

2007: El Congreso aprueba el aumento del salario mínimo federal a $7,25.

2011: Comienzan las protestas de Occupy Wall Street en la ciudad de Nueva York.

2013: Se inicia el movimiento Black Lives Matter en Estados Unidos, que exige justicia económica y racial como parte de su misión.

2017: El presidente Donald Trump modifica los impuestos que pagan las corporaciones, de entre el 15 % y el 35 % a una tasa fija del 21 %. El 1 % más rico de los estadounidenses recibe el 25 % de los beneficios de la reducción.

2018: Comienzan las protestas de los chalecos amarillos contra las reformas impositivas y el alto costo de vida en Francia.

GLOSARIO

acaudalado, da: que tiene mucho dinero

bien: aquello que alguien posee y que tiene valor monetario

compensación: acto de compensar un daño

discriminación: la práctica de tratar a una persona o grupo de manera injusta y diferente con respecto a otras personas o grupos de personas

distribución: forma en que se dividen o reparten las cosas

línea de pobreza: cálculo oficial a cargo del gobierno de EE. UU. del ingreso mínimo necesario para cubrir las necesidades básicas

pobreza: falta de dinero suficiente para cubrir las necesidades básicas como alimento, agua o vivienda

riqueza generacional: riqueza que se transmite de una generación a otra, por lo general de padres a hijos

segregación: separación forzada de un grupo de personas de otros grupos de personas

NOTAS SOBRE LAS FUENTES

6   Mark Osborne y Katie Kindelan, "Megan Rapinoe, Christen Press Speak Out after Ending US Soccer Salary Mediation", *Good Morning America*, 15 de agosto de 2019, https://www.goodmorningamerica.com/news/story/us -womens-soccer-team-ends-mediation-equal-salary-64986678.

8   Barack Obama, "President Obama on Inequality (transcripción)", *Politico*, 4 de diciembre de 2013, https://www .politico.com/story/2013/12/obama-income-inequality-100662.

12   Brittany Bennett, "18 Quotes about Equal Pay from Powerful Women", Bustle, 1 de abril de 2019, https://www.bustle .com/p/18-quotes-from-powerful-women-for-equal-pay -day-2019-17000850.

18   Annie Nova, "These 4 Numbers Show the Dramatic Racial Economic Inequality in the U.S.", CNBC, 30 de junio de 2020, https://www.cnbc.com/2020/06/30/these-4-numbers-show -stark-racial-economic-inequality-in-the-us.html.

19   Paul Wiseman, "Behind Virus and Protests: A Chronic US Economic Racial Gap", AP, 8 de junio de 2020, https://apnews .com/2f549d22162d9d1104c3f402c71e0c44.

LISTA DE LECTURAS DE READ WOKE

Braun, Eric. *Taking Action for Civil and Political Rights*. Mineápolis: Lerner Publications, 2017.

Britannica Kids: Economía
https://kids.britannica.com/kids/article/economics/353081

Frazer, Coral Celeste. *Economic Inequality: The American Dream under Siege*. Mineápolis: Twenty-First Century Books, 2018.

Igualdad salarial hoy
http://www.equalpaytoday.org

Inequality.org: Desigualdad racial
https://inequality.org/facts/racial-inequality

Kiddle: Desigualdad en los ingresos en Estados Unidos
https://kids.kiddle.co/Income_inequality_in_the_United _States

Stanley, Joseph. *What's Income Inequality?* Nueva York: KidHaven, 2019.

ÍNDICE

AGRADECIMIENTOS POR LAS FOTOGRAFÍAS

Créditos de las imágenes: Diseño: Alisara Zilch/Shutterstock.com; Prazis Images/Shutterstock.com; artist/Shutterstock.com. AP Photo/David Vincent, p. 4; AP Photo/Seth Wenig, p. 5; Eric Buermeyer/Shutterstock.com, p. 7; Laura Westlund/Servicio de fotografía independiente, p. 8, 18, 22, 23; Geber86/Getty Images, p. 9; Biblioteca del Congreso (LC-DIG-ggbain-21841), p. 11; AP Photo, p. 13; fstop123/iStock/ Getty Images, p. 15; AP Photo/David Zalubowski, p. 16; Jon Feingersh Photography Inc/Getty Images, p. 17; Gerry Boughan/ Shutterstock.com, p. 20; AP Photo/Esteban Felix, p. 21; Everett Collection Historical/Alamy Stock Photo, p. 26; Gerry Boughan/Shutterstock.com, p. 27 (arriba); AP Photo/Michel Euler, p. 27 (abajo); Fernando Decillis, retratos fotográficos de Cecily Lewis.

Portada: Alisara Zilch/Shutterstock.com; Prazis Images/Shutterstock.com; artist/Shutterstock.com.

Consultora de contenidos: Joe Soss, Cowles. Profesor universitario para el estudio de los Servicios Públicos, Facultad de Relaciones Públicas Hubert H. Humphrey, Universidad de Minnesota

ediciones Lerner
Una división de Lerner Publishing Group, Inc.
241 First Avenue North
Mineápolis, MN 55401, EE. UU.

Si desea averiguar acerca de niveles de lectura y para obtener más información, favor consultar este título en www.lernerbooks.com.

Fuente del texto del cuerpo principal: Aptifer Sans LT Pro.
Fuente proporcionada por Linotype AG.

Library of Congress Cataloging-in-Publication Data

The Cataloging-in-Publication Data for *La desigualdad en los ingresos y la lucha por la distribución de la riqueza* is on file at the Library of Congress.
ISBN 978-1-7284-7431-1 (lib. bdg.)
ISBN 978-1-7284-7459-5 (pbk.)
ISBN 978-1-7284-7460-1 (eb pdf)

Fabricado en los Estados Unidos de América
1-52027-50540-12/16/2021